Mini n'est pas froussarde

RETROUVEZ Mini
DANS LA BIBLIOTHÈQUE ROSE

Mini a un nouveau grand-père

Mini aux sports d'hiver

Mini et Max le chat

Mini s'occupe de tout

Mini détective

Mini est la meilleure

Mini change d'école

Mini n'est pas froussarde

Christine Nöstlinger

Prix Hans Christian Andersen

Mini n'est pas froussarde

Illustrations de Claire Le Grand

Traduction de Marie-Claude Auger

HACHETTE

L'édition originale de ce roman
a paru en langue allemande chez
DACHS-VERLAG GMBH, Vienne,
sous le titre :
MINI IST KEIN ANGSTHASE

Hachette Livre, 43, quai de Grenelle, 75015 Paris.

Mini n'est pas froussarde

Hermine Dubois a sept ans. Elle est très grande et très mince. Sa maman, son papa, sa mamie et tous ses amis l'appellent MINI. Seul son frère Félix dit souvent en parlant d'elle « la grande perche » ou la « grande asperge ».

En fait, il est jaloux parce que, bien qu'elle ait deux ans de moins, elle est aussi grande que lui !

Avant, Mini était toujours au bord des larmes quand Félix se moquait d'elle.

Elle pensait : « Il a raison, je suis trop grande et trop mince pour mon âge, c'est ridicule ! »

Mais depuis qu'elle va à

l'école, cela ne lui fait plus rien. Dans sa classe, en effet, il y a des enfants qui sont aussi grands qu'elle. Raphaël, par exemple, qui mesure même cinq centimètres de plus ! Personne ne se moque de lui. Au contraire !

Chloé, la meilleure amie de Mini, lui demande souvent :

« Tu ne veux pas me donner quelques centimètres ? J'en aurais vraiment besoin ! »

Car Chloé est la plus petite de la classe et elle prétend

que les grands sont toujours avantagés par rapport aux petits qui n'ont pas la vie facile !

Désormais, Mini veut bien croire sa mère lorsque celle-ci affirme : « Tu es très bien comme tu es ! »

En fait, Félix n'est pas seulement jaloux de la taille de sa sœur. Il est jaloux de tout et il s'énerve très facilement !

Et quand il s'énerve, il devient odieux avec Mini.

Il se venge sur elle. Sûrement parce qu'elle est trop gentille et qu'elle ne lui en veut jamais.

Un jour de grande chaleur, pendant les vacances, maman proposa à Mini et à Félix de les emmener à la piscine après le petit déjeuner.

Dès qu'il eut avalé son chocolat et sa tartine de confiture, Félix se leva et s'écria : « Allez, on y va ! »

Mais maman voulait d'abord débarrasser le petit déjeuner et préparer quelques sandwichs.

« Tu peux quand même attendre quelques minutes », dit-elle à Félix, agacée.

Il se planta devant la porte et attendit.

Mini aida sa mère à ranger la cuisine et à faire les sandwichs. Pendant ce temps-là, Félix ne cessa de râler :

« Dépêchez-vous, qu'on aille enfin se baigner, je crève de chaleur, moi ! »

Sa mère lui rétorqua :

« Si tu nous aidais, ça irait plus vite ! »

Mais Félix, appuyé contre la porte, continua à gémir et à se plaindre de la chaleur.

« Cette fois, ça va chauffer pour de bon ! » s'écria soudain maman en s'élançant vers la porte. Mais elle trébucha sur un des patins à roulettes que Félix avait laissé traîner par terre et elle tomba de tout son long au milieu de la cuisine.

Elle se releva tant bien que mal et tenta d'aller au salon à cloche-pied. Affolée, Mini se précipita derrière elle.

Maman se laissa tomber sur le canapé du salon.

« Tout ça à cause de cet

idiot qui ne range jamais ses affaires !

— Tu as très mal ? questionna Mini.

— J'ai dû me fouler la cheville, répondit sa mère. Je n'ai sûrement rien de cassé ! »

Elle enleva ses chaussures et remua les orteils.

« Sinon, je ne pourrais pas remuer les doigts de pied comme ça ! ajouta-t-elle.

— Tu veux que j'appelle le S.A.M.U. ? demanda Mini.

— N'exagérons rien !

s'exclama sa mère en riant, des compresses froides et un jour de repos suffiront ! »

Mini courut dans la cuisine et revint bientôt avec des glaçons enveloppés dans un chiffon qu'elle posa sur la cheville de sa maman. Pour finir, elle glissa le pied tout entier dans un sac en plastique pour que l'eau ne coule pas par terre quand les glaçons fondraient.

« Que ça fait du bien ! souffla maman.

— Puis-je faire autre chose pour toi? » demanda Mini.

Sa mère secoua la tête. Elle allait très bien. Au lieu de se faire bronzer à la piscine, elle resterait au frais, sur le canapé du salon. Mini n'avait aucun souci à se faire. Dès demain, la cheville de maman serait guérie!

À ce moment-là, Félix fit irruption dans le salon. Il avait l'air de mauvaise humeur. Au lieu de s'excuser, il grogna :

« Alors, qu'est-ce qu'on fait? »
Maman eut une idée :
« Et si vous alliez à la piscine sans moi? Vous pourriez prendre le bus jusqu'au parc,

là, vous changez et vous descendez deux arrêts plus loin. Ce serait possible, non?

— Le bus? s'écria Félix effaré, mais il faut trois fois plus de temps qu'en voiture!

— Avec ton argent de poche, ça m'étonnerait que tu puisses t'offrir un taxi, répondit maman, et hélas ! par ta faute, ton chauffeur particulier ne peut plus conduire!

— D'accord pour le bus! Mais sans la grande perche! ajouta Félix en prenant de grands airs, je ne suis pas baby-sitter !

— Tu y vas avec ta sœur ou pas du tout ! rétorqua maman avec autorité.

— Bon, allez, presse-toi, l'asperge ! » dit-il à Mini sur un ton qui ne laissait rien présager de bon.

« Maintenant, il va s'en prendre à moi ! » se dit Mini.

Mais elle se consola en pensant qu'à la piscine, elle rencontrerait sûrement des enfants de sa classe.

« J'ai besoin de lui pour le trajet, c'est tout, songeait-elle, après, je me débrouillerai bien toute seule ! »

Mini n'avait encore jamais

pris le bus toute seule. Elle ne pouvait donc pas aller à la piscine sans lui. D'abord, il fallait changer de bus une fois et Mini avait toujours peur quand elle devait faire quelque chose pour la première fois.

Dix minutes plus tard, Félix et Mini étaient prêts à partir. Ils se dirigèrent vers l'arrêt de l'autobus.

Félix lança à Mini :

« Il y a toujours des disputes par ta faute !

14

— Par ma faute ?

— Parfaitement ! Par ta faute !

— Tu racontes n'importe quoi ! s'écria Mini.

— Maman est toujours de ton côté ! » ajouta Félix.

Mini ne répondit pas. Lorsque son frère est de mauvaise humeur, ce n'est pas la peine de discuter.

Et pourtant, elle n'était pour rien dans la dispute qui avait éclaté entre maman et Félix avant de partir. Elle n'avait rien dit quand Félix avait mis sa serviette de bain et ses palmes dans son sac à elle. Elle n'avait toujours pas protesté quand il avait ajouté son maillot de bain, une brosse à cheveux et ses sandales en plastique.

Et pourtant : dans son sac de piscine, monsieur avait mis uniquement sa crème solaire et son baladeur, et c'est elle qui devait porter tout le reste !

Mais maman avait bien vu

que le sac de Mini était plein à craquer. Aussi avait-elle fait remarquer à Félix :

« Mini n'est pas un bourricot ! Tu peux porter tes affaires toi-même, Félix ! »

Félix avait répondu que son sac à dos était trop petit, qu'il n'y avait pas de place pour une serviette et encore moins pour des palmes !

Maman lui avait alors

suggéré de prendre le sac de plage rose qui était beaucoup plus grand.

Mais Félix avait objecté que c'était un sac de fille, qu'il serait complètement ridicule et qu'on ne pouvait pas le forcer à se promener dans la rue avec un sac rose bonbon !

Alors maman lui avait proposé le sac de voyage noir. Mais Félix l'avait trouvé beaucoup trop encombrant, et sinistre par-dessus le marché !

Il allait à la piscine, pas à un enterrement !

Voyant que maman fusillait son frère du regard, Mini était intervenue en disant que son sac n'était pas trop lourd et que cela ne la dérangeait pas du tout de le porter.

« Comme tu veux, avait soupiré maman, mais, Félix, tu te chargeras au moins des sandwichs ! Et ne viens pas me dire que ton sac est trop petit !

— Les sandwichs prennent encore plus de place que la

serviette ! avait bougonné Félix.

— Et maintenant file ! Je ne veux plus t'entendre, lui avait crié maman, tu es insupportable ! »

Félix avait quitté la pièce en ronchonnant.

Mini était allée chercher un coussin dans la chambre pour maman, lui avait apporté un verre d'eau et l'avait embrassée avant de partir. Dans l'entrée, elle avait pris au passage sa casquette de base-ball pour éviter d'attraper un coup de soleil sur le nez. Car Mini a la peau très fragile !

Devant la porte, Félix s'impatientait :

« Accélère un peu, je ne vais pas prendre racine ici ! »

C'était donc ridicule de la rendre responsable de la dispute. Tellement ridicule qu'elle décida de ne plus y penser.

L'immeuble dans lequel habitaient Mini et Félix était situé tout au bout de la ligne d'autobus.

Quand ils arrivèrent devant l'arrêt, ils virent le chauffeur qui attendait, assis sur un banc, à l'abri du soleil. Mini et Félix grimpèrent dans le bus et s'installèrent juste derrière la place du conducteur qui ne tarda pas à monter et à démarrer. À part eux, il n'y avait personne dans le bus.

Soudain, Félix dit à Mini :

« J'ai faim ! Passe-moi un sandwich !

— C'est toi qui les as dans

ton sac à dos », lui fit observer Mini.

Félix pointa son index sur son front.

« Tu es complètement folle, lança-t-il, maman t'a dit de les prendre dans ton sac, parce que les serviettes ne pèsent rien et que, sinon, mon baladeur serait plein de gras et ne marcherait plus. »

Devant tant de mauvaise foi, Mini ne sut que répondre. Elle se contenta de regarder Félix en silence. Elle ne pouvait pas comprendre que l'on puisse mentir à ce point sans rougir.

Comme elle le fixait toujours sans rien dire, Félix perdit un peu de son assurance.

« Du moins, c'est ce que j'avais compris ! » ajouta-t-il.

« Il ment comme il respire, se dit Mini. En fait, il a dû penser que je serais assez poire pour prendre aussi les sandwichs, sans rien dire. Parce que la grande perche est assez brave pour faire

tout ce que veut son frère ! »

« Qu'est-ce que tu as à me regarder comme ça avec des yeux ronds ? cria soudain Félix, tes cordes vocales sont rouillées ? »

Comme Mini continuait de se taire, il entra dans une colère noire et donna un grand coup de pied dans le tibia de Mini qui poussa un hurlement.

« Maintenant ça suffit, je change de place ! » s'écria-t-elle.

Elle se frotta la jambe et alla s'asseoir tout au fond du bus en se disant : « Je reste ici jusqu'à ce que nous descendions. Je verrai bien Félix se lever au moment de descendre. »

Mais à l'arrêt suivant, beaucoup de gens montèrent dans l'autobus. Vraiment beaucoup ! Si bien que Mini ne pouvait plus voir son frère. « Il faut que j'aille vite le rejoindre, se dit-elle, sinon, je vais rater l'arrêt du parc. »

Elle se leva pour aller retrouver Félix, mais les gens lui barraient le passage. Comme elle essayait de se faufiler, quelqu'un lui cria :

« Ne pousse pas comme ça, s'il te plaît !

— Je veux aller retrouver mon frère qui est devant », expliqua Mini en vain.

Un vieux monsieur lui vint en aide.

« Il faut jouer des coudes, petite, lui conseilla-t-il, et forcer le passage ! »

Mini tenta bien de « jouer des coudes » et de « forcer le passage », mais elle était trop timide pour bousculer les gens. L'autobus s'était déjà arrêté quatre fois quand elle arriva à peu près au milieu du couloir central. Lorsque le bus s'arrêta pour la cinquième fois, par la fenêtre contre laquelle quelqu'un l'avait plaquée, elle aperçut son frère ! Sur le trottoir qui longeait le parc ! Il était là, le sac à dos dans une main et le sac de piscine de Mini dans l'autre. Il avait l'air un peu ahuri.

« Laissez-moi descendre ! » supplia Mini.

Mais l'autobus avait déjà démarré.

Désespérée, Mini se mit à

pleurer. Voyant ses larmes, une jeune femme s'approcha d'elle et lui demanda ce qu'elle avait.

« J'ai raté l'arrêt où je devais descendre, lui expliqua Mini en sanglotant.

— Tu n'as plus qu'à descendre au prochain arrêt et à revenir sur tes pas ! lui suggéra la dame.

— Mais mon frère est descendu, ajouta Mini en pleurant de plus belle.

— Ne t'inquiète pas, il

t'attendra », assura la dame.

Puis elle prit Mini par la main et l'aida à se frayer un chemin jusqu'à la porte de l'autobus. Lorsque celui-ci s'arrêta enfin, Mini sauta sur le trottoir.

La dame lui cria :

« Longe le parc, toujours tout droit ! »

Mini était à un grand carrefour. Elle regarda dans la direction de l'arrêt où était descendu Félix. Il lui parut terriblement loin ! Si loin qu'elle ne voyait même pas si Félix l'y attendait.

« Il va être en colère contre moi », se dit Mini.

Au moment où elle allait se mettre en marche, elle aperçut un autobus qui arrivait de l'autre côté du carrefour.

« Il va justement dans ma direction, se dit Mini, et il va plus vite que moi à pied ! »

Sans hésiter, elle traversa le carrefour et sauta dans le bus. Elle resta tout près de la porte en priant le Ciel :

« Mon Dieu, je n'ai pas d'argent et pas de ticket. Faites qu'il n'y ait pas de contrôleur ! »

La porte de l'autobus se referma. Il n'y avait pas de contrôleur en vue. Mais le bus ne continua pas tout droit, comme l'avait pensé Mini. Tout de suite après le carrefour, il tourna et remonta la rue dans l'autre sens !

Quand l'autobus s'arrêta enfin, il lui sembla qu'il avait roulé pendant une éternité.

Mini sauta sur le trottoir et s'appuya à la clôture du parc. Elle avait le cœur battant, les genoux tremblants. Malgré son chagrin, elle essaya de reprendre ses esprits et de réfléchir à ce qu'elle devait faire.

« Si je traverse le parc, je mettrai moins longtemps que si je fais tout le tour », se dit-elle.

Mini décida donc de traverser le parc et se mit en route.

Mais il y avait des chemins dans tous les sens et elle finit par se perdre.

Lorsqu'elle se retrouva pour la troisième fois sur le lac des canards, elle comprit qu'elle tournait en rond.

En général, les enfants n'ont pas de problèmes pour demander leur chemin à quelqu'un. Mais Mini était timide et avait beaucoup de mal à adresser la parole à des inconnus.

Elle laissa passer sept personnes sans oser les aborder. À la huitième, elle prit son courage à deux mains.

« Pourriez-vous me dire

comment rejoindre l'arrêt de bus où il faut changer pour aller à la piscine ? » demanda-t-elle à une vieille dame.

Celle-ci réfléchit un moment avant de lui répondre :

« Tu vas suivre ce chemin jusqu'au parterre de roses, puis à droite jusqu'à la fontaine, puis tu redescends jusqu'à la statue, là tu prends encore à droite et tu vas trouver ton arrêt de bus. »

Mini la remercia et partit en courant.

Le long du parterre de roses…

Près de la fontaine…

Devant la statue…

Elle courait aussi vite qu'un lévrier !

Quand elle arriva enfin devant l'arrêt de bus, elle aperçut la silhouette d'un garçon qui ressemblait à Félix, mais ce n'était pas lui. Mini réalisa aussitôt que ce n'était pas non plus l'arrêt où Félix était descendu.

Le garçon avait une glace

dans la main, une glace verte et molle qui dégoulinait le long du cornet.

« Tu aimes la pistache ? demanda-t-il à Mini en lui tendant le cornet, j'avais commandé de la fraise et cet idiot a rajouté de la pistache par-dessus. Moi, j'ai horreur de la pistache. »

Mini n'était pas d'humeur à finir les glaces des autres, mais il lui planta le cornet de glace dans la main en continuant :

« Tu n'as qu'à manger le vert, moi je mangerai le rouge !

— Je n'ai pas envie de glace, répondit Mini, j'ai perdu mon frère !

— De quoi est-il mort ? » demanda le garçon.

Mini lui expliqua en sanglotant que son frère n'était pas mort mais qu'il était descendu de l'autobus sans elle et qu'elle n'arrivait plus à retrouver l'arrêt où il devait l'attendre. À moins qu'il ne soit parti, fatigué d'attendre. Et elle ne connaissait pas le chemin pour aller à la piscine. Ni celui pour rentrer chez elle. En plus, elle n'avait pas d'argent pour prendre l'autobus !

« Vous avez le téléphone ? questionna le garçon.

— Évidemment, répliqua Mini en reniflant.

— Et tu connais le numéro ? insista-t-il.

— Je ne suis pas idiote ! protesta Mini.

— Il y a quelqu'un chez toi? » interrogea-t-il encore.

Mini lui fit signe que oui. Le cornet qu'elle tenait à la main était devenu tout mou et la glace verte dégoulinait maintenant sur ses doigts.

« Pourquoi ne téléphones-tu pas chez toi ? demanda le garçon.

— Je n'ai pas d'argent,

répondit Mini en se remettant à pleurer.

— Moi non plus, dit le garçon, mais je sais où l'on peut en trouver.

— Où ça ? s'enquit Mini, reprenant espoir.

— Au supermarché ! De l'autre côté du parc. »

Mini jeta le cornet dégoulinant dans une poubelle, essuya ses doigts collants sur sa jupe et suivit le garçon à travers le parc. Elle se demandait bien comment on pouvait trouver de l'argent au supermarché. Mais elle n'osait pas poser la question. Le garçon parlait un peu comme Félix. Peut-être qu'il avait mauvais caractère lui aussi et qu'il pourrait la planter là comme ça.

« Comment t'appelles-tu ? demanda-t-il soudain, moi, c'est Jonathan.

— Et moi Mini », répondit-elle simplement.

En traversant le parc, Jonathan lui expliqua ce qu'il

avait l'intention de faire :

« Sur le parking du supermarché, il y a souvent des Caddies vides, que des gens ont eu la flemme de ramener. Dedans, il y a des pièces.

— Des pièces? répéta Mini, surprise.

— Oui, la pièce qu'on met dedans pour pouvoir le prendre ! » ajouta Jonathan.

Mini ne comprenait rien à ce qu'il racontait. Là où sa maman faisait ses courses, on ne mettait pas de pièces dans les Caddies !

Elle saisit ce que Jonathan voulait dire quand ils furent arrivés au supermarché. À l'entrée du magasin, il y avait des Caddies emboîtés les uns dans les autres et, pour en prendre un, il fallait mettre une pièce de dix francs dans une petite fente.

Jonathan lui montra quelques Caddies vides sur le parking.

« Tu vois ! J'avais raison ! s'écria-t-il triomphant.

— Et comment peut-on

DE 9H À

faire sortir la pièce ? demanda Mini.

— On rapporte le Caddie dans le supermarché et on le met dans la rangée, la pièce sort automatiquement, précisa Jonathan, légèrement impatient. Il faut vraiment tout te dire ! »

C'est vrai qu'il avait quelque chose de Félix !

« On a le droit ? demanda Mini inquiète.

— Celui à qui appartient la pièce est parti depuis longtemps, mais il faut faire vite sinon le gros Yannick va nous tomber dessus !

— Qui est-ce, le gros Yannick ? questionna Mini.

— Un idiot, qui prétend que c'est son territoire ici, répondit Jonathan. Il transforme en compote ceux qui tentent de lui piquer ses Caddies. »

Jonathan saisit un Caddie et se dirigea, suivi de Mini, vers l'intérieur du magasin. Soudain, un drôle de type surgit de derrière une voiture et leur barra le passage. Il devait avoir au moins treize ans et pesait sûrement pas loin de cent kilos. Il avait l'air mauvais.

« Le gros Yannick ! Sauve-toi, Mini ! » cria Jonathan en poussant son chariot en direction du nouveau venu.

Mini fit demi-tour et s'élança vers le parc qu'elle traversa en trombe, puis elle descendit la rue en courant toujours, prit une rue transversale et, au croisement, une autre rue

encore. Elle courait comme si elle avait le Diable à ses trousses. Au début, Jonathan l'avait suivie, puis il lui avait crié :

« Arrête-toi ! Le gros Yannick ne risque plus de nous attraper ! »

Mais Mini ne voulait rien entendre et continuait de courir, laissant Jonathan loin derrière elle.

Elle n'avait jamais vu un type aussi effrayant. Jamais personne ne lui avait lancé un regard aussi mauvais.

À bout de souffle, elle s'arrêta enfin. Elle avait un point de côté et dut s'appuyer contre la porte d'une petite église.

Elle regarda autour d'elle. Où était passé Jonathan ? Où était-elle maintenant ?

Elle s'assit sur les marches de l'église. Ses sandales étaient pleines de cailloux. Elle se déchaussa, enleva sa casquette de base-ball. Ses cheveux étaient trempés de sueur. Elle posa sa tête sur ses genoux et ferma les yeux en essayant de se calmer.

« Pas de panique ! se disait-elle. Je vais bien finir par retrouver la maison. Le principal, c'est d'avoir échappé au gros Yannick. »

Elle entendit alors des bruits de pas. Quelqu'un passa près d'elle.

« Il faut que je m'en aille d'ici, songea-t-elle, il y a peut-être une cérémonie dans l'église et je suis sur le passage. »

Elle releva la tête, remit ses sandales et prit sa casquette. Surprise ! Il y avait trois pièces dedans. Elle fixa les pièces, stupéfaite, et soudain elle comprit que la personne qui était passée

près d'elle avait dû la prendre pour une petite mendiante !

Mini était morte de honte mais elle se consola en se

disant qu'elle allait pouvoir téléphoner à sa mère. Sur la petite place, il n'y avait pas de cabine téléphonique, mais juste en face, elle vit un bureau de poste. Elle prit les pièces et allait se lever lorsqu'elle pensa :

« Maman ne peut pas marcher avec sa cheville ! Si je l'appelle, elle va sûrement se lever quand même pour venir me chercher ! Non, il faut que je me débrouille toute seule ! Ne serait-ce que pour éviter que Félix se moque de moi et qu'il aille raconter partout que je suis bête comme mes pieds et incapable de me débrouiller sans lui ! »

Il y avait bien papa mais elle ne connaissait pas le numéro de son bureau par cœur. Et d'ailleurs, qu'elle appelle maman ou papa, pour Félix, cela reviendrait au même !

Tout en réfléchissant, Mini suivait des yeux le vol des pigeons qui traversaient la place et allaient se poser sur les toits. Derrière l'un d'eux, elle aperçut alors le clocher pointu d'une église. Mini le reconnut tout de suite ! C'était le clocher de l'église Saint-Nicolas ! Or, cette église était en plein centre-ville. Mini la connaissait bien, car avec sa grand-mère, elle avait souvent fait le trajet de cette église jusque chez elle.

« Je n'ai qu'à suivre le clocher des yeux et j'arriverai à l'église Saint-Nicolas », se dit Mini.

Mais ce n'était pas aussi simple ! Elle dut faire beaucoup de zigzags. Parfois, elle perdait le clocher de vue, se trompait de direction, s'engageait dans une rue qui bifurquait dans une autre direction. Elle devait alors revenir sur ses pas, puis repartir !

Enfin, elle arriva sur la place de l'église. Elle était très contente d'elle.

Elle souffla quelques secondes et se remit en route. Maintenant, elle ne pouvait plus se tromper. Elle connaissait parfaitement le chemin.

Elle se mit à siffloter. Elle avait faim et soif mais cela ne la dérangeait pas.

« Dès que j'arrive à la maison, je me jette sur le Coca », se dit-elle.

Lorsque Mini parvint dans la rue où elle habitait, elle eut envie de crier « hourra » de bonheur. Mais elle n'osa pas, à cause des passants.

En approchant de son immeuble, elle aperçut, devant

la porte, la silhouette d'un homme qui ressemblait à son père.

« Cela ne peut pas être lui, se dit-elle, à cette heure-ci, il est au bureau ! »

Et pourtant, c'était bien lui. Quand il vit Mini, il se mit à hurler « hourra » ! Peu lui importaient les gens !

Il se précipita sur elle, la prit dans ses bras et la fit tourner en l'air en s'exclamant : « Hourra ! Hourra ! »

Puis, il entra dans l'im-

7

meuble en portant toujours Mini dans ses bras et cria dans la cage d'escalier, si fort que les murs de la maison tremblèrent :

« Mini est là ! Mini est là !

— Comment se fait-il que tu ne sois pas au bureau ? demanda Mini.

— Tu ne voudrais pas que je reste assis au bureau quand ma femme me téléphone pour me dire que tu as disparu !

— Comment maman a-t-elle su que j'avais disparu ? interrogea Mini.

— Tu ne t'imagines tout de même pas que ton frère est allé à la piscine alors que sa sœur avait disparu ! Ce n'est pas un monstre ! Il est rentré tout de suite à la maison et a tout raconté à maman qui a immédiatement prévenu la police. Tous les policiers de la ville sont à la recherche d'une jolie petite fille brune, et moi, j'allais justement partir aussi te chercher.

— Félix est en colère contre moi ?

— Il n'est pas en colère. Il est dans sa chambre et pleure à chaudes larmes », répondit papa.

Mais il se trompait ! Quand ils arrivèrent au quatrième étage, ils virent maman et Félix qui les attendaient devant la porte. Félix avait un sourire jusqu'aux oreilles !

Mais ses yeux étaient rouges et gonflés, on voyait qu'il avait pleuré !

Maman avait la cheville ban-

dée. Elle vint jusqu'à eux à cloche-pied et serra Mini dans ses bras.

Félix s'approcha d'elle et murmura :

« Excuse-moi ! »

Mini se dégagea de l'étreinte de sa maman. Elle n'était plus un bébé !

« Qu'est-ce que tu as ? demanda-t-elle à Félix, tu as cru que je ne retrouverais pas le chemin toute seule ?

— C'est ce que nous avons tous pensé, intervint maman.

— On peut dire que vous êtes vraiment froussards ! » s'exclama Mini en éclatant de rire.

Dans la même collection...

Mademoiselle Wiz,
une sorcière particulière.

Mini, une petite fille
pleine de vie !

Fantômette,
l'intrépide
justicière.

Avec le Club des Cinq,
l'aventure est toujours
au rendez-vous.

Kiatovski,
le détective en baskets
qui résout
toutes les enquêtes.

Dagobert,
le petit roi
qui fait tout à l'envers.

Rosy et Georges-Albert,
le duo de choc
de l'Hôtel Bordemer.

Avec Zoé,
le cauchemar devient
parfois réalité.

Imprimé en France par ***Partenaires-Livres***®
n° dépôt légal : 2303 - mai 2000
20.20.0242.01/6 ISBN : 2.01.200242.0
Loi n° 49-956 du 16 juillet 1949
sur les publications destinées à la jeunesse.